약해지지 마

KUJIKENAIDE
ⓒ TOYO SHIBATA 2010
Originally published in Japan in 2010 by ASUKASHINSHA CO.
Korean translation rights arranged through TOHAN CORPORATION, TOKYO.,
and EntersKorea Co., Ltd. ,SEOUL

이 책의 한국어판 저작권은 (주)엔터스코리아를 통해 저작권자와 독점 계약한
도서출판 지식여행에 있습니다.
신 저작권법에 의하여 한국 내에서 보호를 받는 저작물이므로 무단전재와 무단복제를 금합니다.

약해지지 마

시바타 도요 지음 ❖ 채숙향 옮김

도요 씨처럼 살아가자

 이 책은 이제 곧 백 살이 되는 도치기 현 시바타 도요 씨의 첫 작품집입니다.
 도요 씨의 작품을 손꼽아 기다리는 것은 산케이 신문 〈아침의 시〉 독자 여러분뿐만이 아닙니다. 사실 편찬자인 저도, 도요 씨의 시를 손꼽아 기다립니다. 많은 응모 엽서 중에서 도요 씨의 시가 불쑥 얼굴을 내밀면 기분 좋은 바람을 맞은 것처럼 상쾌한 기분이 듭니다.
 저도 '도요 씨처럼 살아가자'라는 생각을 하며 누굴 만날 것도 아닌데 매일 아침 거울을 보고 엷게 립스틱을 바릅니다. 그렇습니다. 도요 씨처럼 살아가는 나를 만나기 위해서입니다. 지금도 여전히 싱그러운 감성을 가지고 계시다니 이 얼마나 멋진 일인가요? 이는 프로 시인의 세계에서도 극히 드문 일입니다.

  이렇게 정리된 도요 씨의 시집을 항상 가까이에 두고 하루하루를 살아가는 마음의 양식으로 삼겠습니다.

  고맙습니다. 우리 여성들의 멋진 선배님이자 남성들의 든든한 어머니, 시바타 도요.

〈아침의 시〉 편찬자

신카와 가즈에

차례

▎도요 씨처럼 살아가자 ··· 6

어머니 I ··· 14
눈을 감으면 ··· 16
살아갈 힘 ··· 18
아들에게 I ··· 22
바람과 햇살이 ··· 24
녹아드네 ··· 26
어머니 II ··· 28

나 I ··· 32

답장 ··· 36

선생님께 ··· 38

나에게 ··· 40

추억 I ··· 44

잊는다는 것 ··· 46

말 ··· 48

신 ··· 50

병실 ··· 52

너에게 I ··· 54

가족 ··· 56

목욕탕에서 ··· 58

외로워지면 ··· 60

바람과 햇살과 나 ··· 64
약해지지 마 ··· 66
아흔여섯의 나 ··· 70
아들에게 II ··· 72
저금 ··· 74
너에게 II ··· 76
하늘 ··· 78
행복 ··· 82
화장 ··· 84
기일에 ··· 86
나 II ··· 88
선풍기 ··· 90
어깨 주무르기 이용권 ··· 92

전화 ··· 96
추억 II ··· 98
아침은 올 거야 ··· 100
두 시간 있으면 ··· 104
횡재한 기분 ··· 106
귀뚜라미 ··· 108
연하장 ··· 112
행래교(幸來橋) ··· 116
비밀 ··· 120

▮후기 ··· 124
▮나의 궤적_아침은 반드시 온다 ··· 126

약해지지 마

어머니 I

돌아가신 어머니만큼
아흔둘 나이가 되어도
어머니가 그리워

노인 요양원으로
어머니를 찾아뵐 때마다
돌아오던 길의 괴롭던 마음

오래오래 딸을 배웅하던
어머니
구름이 몰려오던 하늘
바람에 흔들리던 코스모스
지금도 또렷한
기억

눈을 감으면

눈을 감으면
양 갈래로 머리를 땋은 내가
즐겁게
뛰어놀고 있네

나를 부르는 어머니의 목소리
하늘을 떠다니는 흰 구름
끝도 없이 드넓은
유채 꽃밭

나이 아흔둘에
눈을 감고 보는
그날의 풍경
사무치게 아름답네

살아갈 힘

나이 아흔을 넘기며 맞는
하루하루
너무나도 사랑스러워

뺨을 어루만지는 바람
친구에게 걸려 오는 안부전화
집까지 찾아와 주는 사람들

제각각 모두
나에게
살아갈 힘을
선물하네

아들에게 I

무언가
힘에 겨운 일 생기면
엄마를 떠올리렴

다른 이와
맞서 싸우면 안 돼
훗날 자신이
미워진단다

자, 보렴
창가에
환한 햇살이 들기 시작해
새가 노래하고 있어

힘을 내, 힘을 내
새가 노래하고 있어
들리니, 아들아

바람과 햇살이

툇마루에
걸터앉아
눈을 감으면
바람과 햇살이
몸은 괜찮아?
마당이라도 잠깐
걷는 게 어때?
살며시
말을 걸어옵니다

힘을 내야지
나는 마음속으로
대답하고
영차, 하며
일어섭니다

녹아드네

주전자에서
떨어지는
따스한 물은
상냥한
말의 낙엽

내 마음은
각설탕
찻잔에 담겨
기분 좋게
녹아드네

어머니 II

어머니 뒤를
팔랑개비 돌리며
쫓아갔지
바람은 보드랍고
햇살은 따스했어

돌아보는 어머니의 미소에
비로소 놓이던 마음
빨리 어른이 되어
효도를 해야겠다
다짐했었지

어머니 나이를 훌쩍 넘긴
지금
초여름의 바람을
맞고 있으면

들려오는 젊은 어머니의 목소리

어머니 뒤를 팔랑개비 돌리며 쫓아갔지
바람은 보드랍고 햇살은 따스했어

나 I

나이 아흔이 넘어
시를 쓰게 되면서
하루하루가
보람 있습니다
몸은 야위어
홀쭉해도
눈은 사람의 마음을
보고
귀는 바람의 속삭임을
듣습니다
입은 말이에요
아주 좋아요
"말씀 잘하시네요"
모두가
칭찬을 합니다
그 말이 기뻐
다시 힘을 냅니다

답장

바람이 귓가에 찾아와
"이제 슬슬
저세상으로
떠나 볼까요?"
간지러운 숨결로
유혹합니다

그러면 나
고개를 저으며 바로 말해요
"조금만 더
여기 있을게
아직 못다 한
일이 남아 있거든"

바람은
곤란한 표정으로
후르르 돌아갑니다

선생님께

나를
할머니라고
부르지 말아요
"오늘은 무슨 요일이죠?"
"9 더하기 9는 얼마예요?"
바보 같은 질문도
사양합니다

"사이죠 야소*의 시를
좋아하나요?"
"고이즈미 내각을
어떻게 생각하세요?"
이런 질문이라면
환영합니다

*사이죠 야소 : 일본의 시인이자 작곡가, 불문학자

나에게

뚝 뚝
수도꼭지에서 떨어지는 눈물
멈추질 않네

아무리 괴롭고
슬픈 일이 생겨도
언제까지
끙끙 앓고만 있으면
안 돼

힘차게
수도꼭지를 비틀어
단숨에 눈물을
쏟아버려

자, 새 찻잔에
커피를 마시자

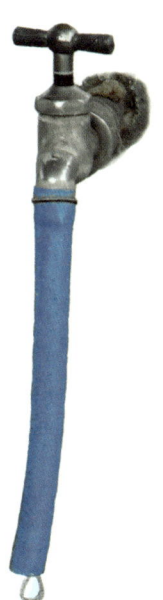

아무리 괴롭고 슬픈 일이 생겨도
언제까지 끙끙 앓고만 있으면 안 돼

추억 I

아이가
생긴 걸
알렸을 때
당신은
"정말? 잘됐다
나 이제부터
더 열심히
일할게"
기뻐하며 말해주었죠

어깨를 나란히 하고
벚꽃나무 가로수 아래를 지나
집으로 돌아왔던 그날
내가 가장
행복했던 날

잊는다는 것

나이를 먹을수록
하나씩 하나씩
잊어 가는
기분이 든다

사람 이름
여러 단어
수많은 추억

그래도 외롭다
여기지 않게 된 건
왜일까

잊어 가는 것의 행복
잊어 가는 것에 대한
포기

매미 소리가
들려오네

말

무심코
한 말이
사람을 얼마나
상처 입히는지
나중에
깨달을 때가 있어

그럴 때
나는 서둘러
그이의
마음속으로 찾아가
미안합니다
말하면서
지우개와
연필로
말을 고치지

신

어제는
나라가 어려워
죽어간
가여운 젊은이들

오늘은
따돌림에 괴로워
자살하는
어린 아이들이 있다

신이시여
왜
살아갈 용기를
주시지 않았나요?

전쟁을 벌이듯
남을 따돌리는 이들을
당신의 힘으로
무릎 꿇게 해 주세요

병실

아흔다섯
나를 시작으로
아흔넷, 여든아홉, 여든여섯
여자 넷이 머무는 병실

서로의
가족이 찾아오는 날은
노인들이 한가득
통로는 휠체어로
정체 중

모두의
웃음소리를 등 뒤로
나는
아들 팔에 매달려
창가에서
맑은 하늘을 보네

너에게 I

뜻대로 되지 않았다고
주눅 들지 마
나도 아흔여섯 해 동안
그런 일들이
산더미만큼 있었어
부모님께 효도하기
아이들 교육
수많은 배움

하지만 노력은 했어
있는 힘껏
있잖아, 그게
중요한 거 아닐까

자, 일어서서
다시 해보는 거야
후회를
남기지 않기 위해

가족

며느리와 아들이
다툰 날
하늘은 금세
흐려지네

어머니 걱정 끼쳐
죄송해요
며느리가
말을 걸어 준
다음 날
햇살이 나를
감싸 주네

인연으로
맺어진 작은 가족
언제까지고
맑은 하늘 아래서
살고 싶어라

목욕탕에서

목욕탕에
설날 첫 햇살이 들어
창에 맺힌 물방울이
눈부시게 빛나는 아침
예순둘 아들이
썩은 나무 같은 내 몸을
씻어 주네

도우미보다
서툰 손길이지만
나는 기분 좋게
눈을 감아

"새해 첫날의 관습으로……."*
등 뒤에서 흥얼거리는 노래
예전에 내가
너에게 불러 주던 노래

* 새해 첫날의 관습으로 : 일본에서 '정월' 하면
  떠오르는 유명한 동요인 「一月一日」 가사의 일부

외로워지면

외로워질 때는
문틈으로
들어오는 햇살을
손으로 떠
몇 번이고 얼굴을
적시는 거야

그 온기는
어머니의 따스함

어머니
힘낼게요
대답하며
나는 일어서네

"어머니, 힘낼게요"
대답하며 나는 일어서네

바람과 햇살과 나

바람이
유리문을 두드려
문을 열어 주었지
그랬더니
햇살까지 따라와
셋이서 수다를 떠네

할머니
혼자서 외롭지 않아?
바람과 햇살이 묻기에
사람은 어차피 다 혼자야
나는 대답했어

그만 고집부리고
편히 가자는 말에

다 같이 웃었던
오후

약해지지 마

있잖아, 불행하다고
한숨짓지 마

햇살과 산들바람은
한쪽 편만 들지 않아

꿈은
평등하게 꿀 수 있는 거야

나도 괴로운 일
많았지만
살아 있어 좋았어

너도 약해지지 마

나도 괴로운 일 많았지만
살아 있어 좋았어
너도 약해지지 마

아흔여섯의 나

시바타 씨
무슨 생각을 그리하세요?
도우미의
물음에
난처했습니다

지금 이 세상은
잘못됐다고
바로 잡아야 한다고
생각했기
때문입니다

하지만 결국 한숨을 쉬며
웃을 뿐이었습니다

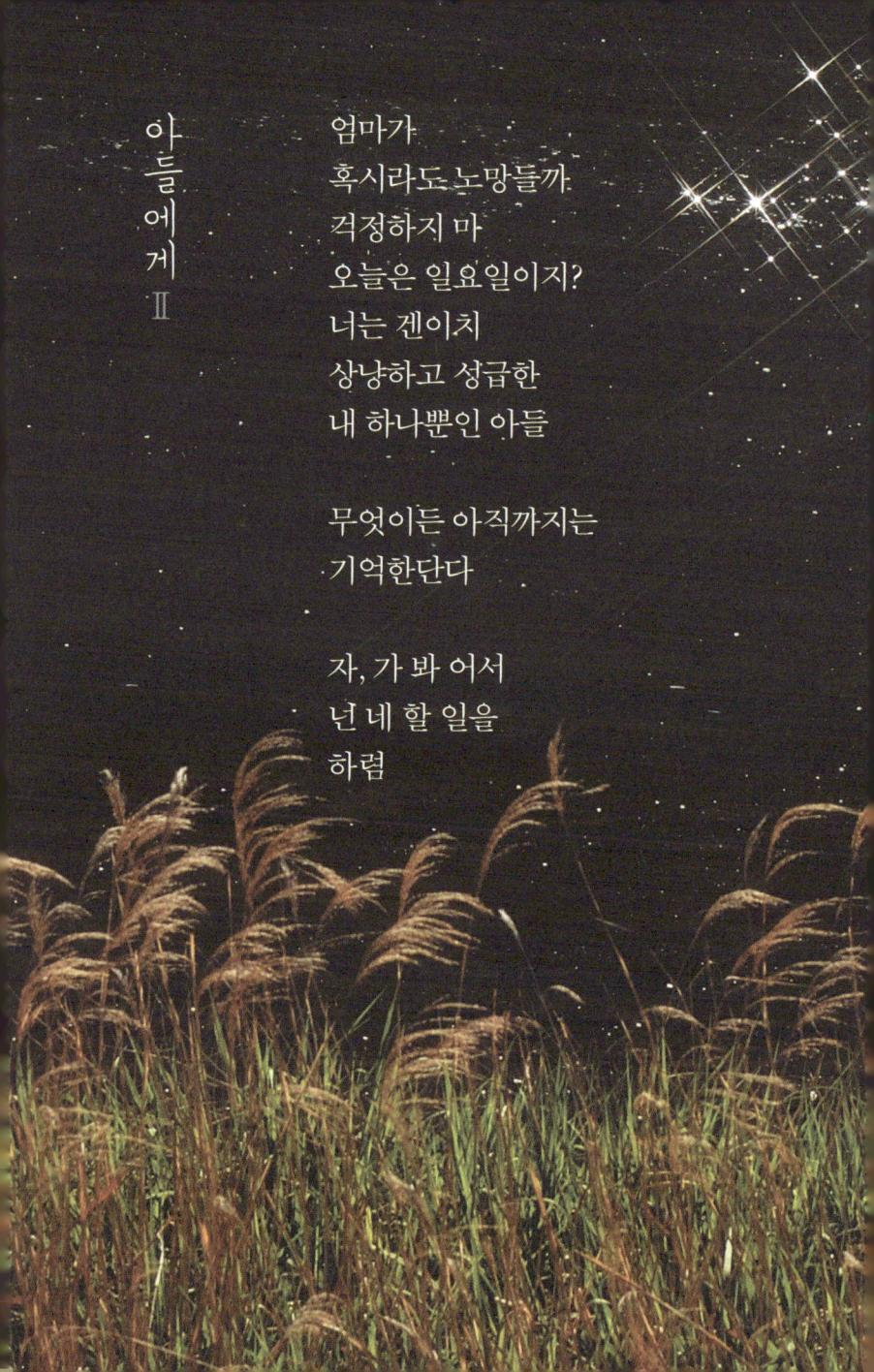

아들에게 Ⅱ

엄마가
혹시라도 노망들까
걱정하지 마
오늘은 일요일이지?
너는 겐이치
상냥하고 성급한
내 하나뿐인 아들

무엇이든 아직까지는
기억한단다

자, 가 봐 어서
넌 네 할 일을
하렴

저금

난 말이지, 사람들이
친절을 베풀면
마음에 저금을 해둬

쓸쓸할 때면
그걸 꺼내
기운을 차리지

너도 지금부터
모아두렴
연금보다
좋단다

너에게 Ⅱ

쫓아다니며
사랑하던 이를
괴롭히기보다
잊어버리는 용기를
갖는 게 필요해

시간이 흐르면
깨닫게 될 거야

너를
생각해 주는
사람이 있어
아직 네가 깨닫지 못할 뿐이란다

하늘

외로워지면
하늘을 올려다본다
가족 같은 구름
지도 같은 구름
술래잡기에
한창인 구름도 있다

모두 어디로
흘러가는 걸까

해질녘 붉게 물든 구름
깊은 밤 하늘 가득한 별

너도
하늘을 보는 여유를
가질 수 있기를

행복

이번 주는
간호사가 목욕을
도와주었습니다
아들의 감기가 나아
둘이서 카레를
먹었습니다

며느리가 치과에
데리고 가
주었습니다
이 얼마나 행복한
날의 연속인가요

손거울 속의 나
환히 빛이 납니다

화장

아들이 초등학생 때
너희 엄마
참 예쁘시다
친구가 말했다고
기쁜 듯
얘기했던 적이 있어
그 후로 정성껏
아흔일곱 지금도
화장을 하지

누군가에게
칭찬받고 싶어서

기일에

당신
꿈을 꾸었어요
아들에게 말했더니
자기도 보고 싶다고
그러네요
부자가 참 많이도
다투곤 했지요
난 어찌할 바를 몰라
당황하기만 했어요

지금은 상냥하게
대해 줍니다
둘이서 시를 짓고 있어요
당신도
함께하지 않을래요?

나
II

침대 머리맡에
항상 놓아두는 것
작은 라디오, 약봉지
시를 쓰기 위한
노트와 연필
벽에는 달력

날짜 아래
찾아와 주는
도우미의
이름과 시간
빨간 동그라미는
아들 내외가 오는 날입니다
혼자 산 지 열여덟 해
나는 잘 살고 있습니다

선풍기

방향을 바꿔
두드리지 않으면
돌지 않는 선풍기
달그락 달그락
힘에 겨운 소리

고민 끝에 내일
새것으로 바꾸기로 했다
사십 년 동안
부드러운 바람 보내 줘 고마워

푹 쉬렴

어깨 주무르기 이용권

먼지투성이
지갑 속에서
나온 것

   아빠 엄마에게

15분 어깨 주무르기 이용권
(1956년 12월까지 쓸 수 있어요)
               겐이치

초등학생이던 아들이
갱지를 작게 잘라
선물한 이용권 한 묶음

지금도
쓸 수 있을까

부드러운 바람 보내 줘
고마워

전화

힘겹게 일어나
전화를 받으면
물건을
구입하라는 전화
거절하면 간드러진 목소리가
언짢아지며
뚝 끊기네

즐거운 이야기만
연결해 주는 전화
어디 없을까

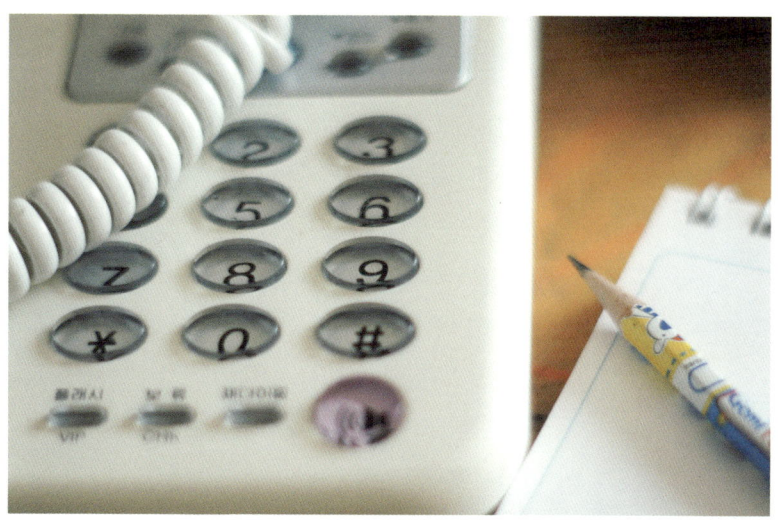

추억 II

아이와 손을 잡고
당신의 귀가를
기다리던 역
많은 사람들 틈에서
당신을 발견하고
손을 흔들었죠
셋이서 돌아오는 골목길에는
달콤한 물푸레나무 향기
어느 집에선가 흘러나오는
라디오의 노래

그 역의 그 골목길은
지금도 잘
있을까

아침은 올 거야

홀로 살겠다고
결심했을 때부터
강한 여성이 되었어
참 많은 이들이
손을 내밀어 주었지
순수하게 기대는 것도
용기라는 걸 깨달았어

"나는 불행해……"
한숨짓는 네게도
아침은 반드시
찾아와

따뜻한 아침
햇살이 비출 거야

두 시간 있으면

세상에는
해결되지 않은
수많은 사건이 있어

콜롬보 경감
후루하타 닌자부로 경감*
둘이서 힘을 모으면
범인은 꼭
잡힐 거야

두 시간 있으면

---

*후루하타 닌자부로 경감 : 후지TV에서 방영된 형사 드라마의 주인공

횡재한 기분

고다쓰* 안에서
TV를 보며
웃고 있는 아들 옆모습
젊은 시절 남편과 붕어빵

쿠키와 홍차를
앞에 두고
얼굴을 훔쳐보면서
횡재한 기분이 든
겨울 오후

*고다쓰(こたつ) : 위에 이불을 씌운 탁자형 난로

귀뚜라미

깊은 밤 고다쓰 안에서
시를 쓴다
'나 사실은'
이라고 한 줄 쓰고
눈물이 흘렀다

어딘가에서
귀뚜라미가 운다
'울보랑은 안 놀아'
귀뚤귀뚤 운다
귀뚤귀뚤 귀뚜라미야
내일도 오렴
내일은 웃는 얼굴로
기다리고 있을게

어딘가에서 귀뚜라미가 운다
'울보랑은 안 놀아' 귀뚤귀뚤 운다

연하장

잘 있는 것
같으니까
뭐 됐어
중얼거리며
몇 번이고 아들이 보낸
연하장을 본다

새해 아침이 되면
아버지
생각이 나요

만나면 싸우는
부자였지만
그리웠던 거야
당신이

행래교(幸來橋)

더부살이하던 집에서 괴롭혀
행래교 옆에서
울고 있으면
친구가
힘내자,
웃으며 말해 주었지

졸졸 흐르는 냇물
푸르른 하늘 하얀 구름
행복이 찾아온다는 다리
상냥한 친구
힘낼 수 있을 것 같은 기분이 들었어
팔십 년 전의 나

비밀

나, 죽고 싶다고
생각한 적이
몇 번이나 있었어

하지만 시를 짓기 시작하고
많은 이들의 격려를 받아
지금은
우는 소리 하지 않아

아흔여덟에도
사랑은 하는 거야
꿈 또한 많아
구름도 타 보고 싶은걸

후기

저를 햇살이 비치는 곳으로 이끌어 주신 신카와 가즈에 선생님. 이 책의 서문까지 써 주셨습니다.
십여 년간 제 건강을 살피고 방문치료해 주시고 있는 세키구치 마사노리 선생님. 그리고 매일 제 생활을 도와주시는 도우미분들. 전화로 격려해 주는 친구이자 가인(歌人) 우에무라 쓰네코 씨. 제 시를 정리하여 직접 만든 시집과 그림엽서를 보내주신 모리타 요코 씨. 머플러나 모자 등 정성스러운 선물을 주시는 오카다 요시코 씨, 고데라 스미에 씨. 감사합니다.
샹송 가수인 구보 도아코 씨는 제 시 「약해지지

마」로 작곡을 해 CD를 선물해 주셨습니다. 이 CD가 계기가 되어 NHK 라디오 〈라디오 심야 인터뷰〉에 출연한 것은 신선한 경험이었습니다.

산케이 신문사 문화부의 오시다 마사하루는 많은 힘을 빌려 주셨습니다. 〈아침의 시〉를 통해 많은 분께 편지를 받았습니다. 얼마나 큰 힘이 되었는지 모릅니다.

그리고 아스카신사 출판사 분들에게 진심으로 고맙다는 말을 전하고 싶습니다. 감사합니다.

2010년 봄, 시바타 도요

• 나의 궤적 •

아침은 반드시 온다

   한 세기를 살았습니다. 그동안 지진과 같은 여러 가지 무서운 체험도 했습니다. 괴롭힘이나 배신, 외로움 때문에 죽으려고 한 적도 있었습니다.
   "더 이상 너희들에게 짐이 되고 싶지 않다"라고 말씀하시고 스스로 노인 요양원에 입소한 어머니와의 슬픈 이별이나, 녹내장으로 "완전히 실명할지도 모른다"라는 얘기를 듣고 수술을 했던 일 등 불안한 일도 있었습니다.
   제가 지금 혼자 사는 집에는 도우미가 일주일에 여섯 번, 예순넷인 외아들 겐이치가 일주일에 한 번씩 와 주는데, 솔직히 말해서 도우미나 아들이 집으로 돌아갈 때는 외롭고 슬퍼집니다. 특히 겐이치가 돌아갈 시간이 다가오면 우울해지면서 말이 없어집니다.
   하지만 나는 그때마다 이를 악물고 스스로를 '다잡고

약해지지 마 •••

또 다잡으며' 나 자신을 설득합니다. "약해지지 마. 힘내, 힘내"라고.

젊었을 때 더부살이를 하던 집에서 괴롭힘을 당하면 자주 가던 다리가 있습니다. 행복이 온다는 글자 그대로 '행래교(幸來橋)'. 그 다리 옆에 웅크리고 앉아 울고 있으면 '후쨩'이라는 친구가 와서 "힘내자"라고 웃으며 위로해 주었습니다. 울음을 그치고 둘이서 푸른 하늘과 흘러가는 구름을 보고 있으면 어쩐지 마음이 가벼워졌습니다.

그로부터 80여 년.

아흔이 넘어서 쓰기 시작한 시를 통해 깨달은 것이 있습니다. 아무리 괴로운 일, 슬픈 일이 있어도 부모님과 남편, 아들, 며느리, 친척, 지인, 그리고 인연이 있는 많

••• 아침은 반드시 온다

은 분들의 애정 어린 지원이 있었기 때문에 지금의 내가 있다는 사실입니다.

어머니와 둘이서 강에 빨래를 하러 갔던 일이나 남편, 아들, 며느리와 넷이서 웃으며 화투를 쳤던 일, 아들과 둘이서 목욕탕과 영화관, 온천에 갔던 일이나 친한 사촌 자매와 매년 여행을 갔던 일 등 즐거운 추억도 많이 있습니다.

저는 1911년, 아버지 모리시마 도미조, 어머니 야스의 외동딸로 도치기 시에서 태어났습니다. 쌀집을 하는 유복한 집이었습니다. 하지만 천성이 게으른 아버지 탓에 서서히 가세가 기울었고, 제가 십대 때 결국 집이 다른 사람 손에 넘어가면서 작은 연립주택에 부모님과 셋이서 살게 되었습니다.

약해지지 마 •••

 하지만 어머니는 아버지와 달리 부지런하셔서, 가사를 돌보면서도 여관 일을 돕거나 부업으로 바느질을 하며 생활을 꾸리고 나를 키워 주셨습니다. 십대 시절 저는 그런 어머니가 불쌍해서 견딜 수 없었습니다.
 스무 살 때의 일입니다. 친척의 소개로 맞선을 봐서 결혼했습니다. 하지만 그 사람은 집에 생활비를 전혀 가져오지 않았습니다. 서로 애정도 없었지요. 그 사람이 무섭기도 해서 대리인을 통해 반년 남짓 지나 이혼을 했습니다.
 그래서 결혼에 질린 것일지도 모르겠습니다. 10여 년간 여관이나 음식점 일을 돕고 부업으로 어머니께 배운 바느질을 하면서 생계를 꾸리고, 부모님과 셋이서 사는 생활이 계속되었습니다.

 ••• 아침은 반드시 온다

 그런데 서른세 살 때였습니다. 제가 일하던 온천 마을의 음식점에 가끔 식사를 하러 오던 주방장이 있었는데, 나를 눈여겨보기 시작한 것입니다. 저보다 두 살 많은 에이키치였습니다. 얼마 후, 에이키치는 저의 남편이 되었습니다. 남편은 만년에 조리사 학교에서 학생들을 가르쳤을 정도이니 실력은 좋았던 듯합니다. 그때부터 남편을 따라 전국의 여관이나 음식점을 돌아다녔습니다.
 남편은 도박을 좋아해서 저금은 하지 못했지만 술은 마시지 않았고, 생활비는 확실히 갖다 주었습니다. 게다가 우리 부모님까지 돌봐 주었습니다. 남편은 우리 가족뿐만 아니라 친척이나 다른 사람들도 잘 보살피는 성격이었습니다.
 남편은 어렸을 때 부모님이 돌아가셔서, 누나와 남동

약해지지 마

생 셋이서 친척 집을 전전했다고 합니다. 그래서였을까요. 집과 관련된 일이라면 뭐든지 해 주고 가족을 소중히 여겼습니다.

그리고 1945년, 겐이치가 태어났습니다. 남편과 둘이서 '건강이 최고'라는 바람을 담아 이름을 지었습니다. 제 인생의 가장 행복했던 시절이 시작되었습니다.

그 당시를 떠올리며 쓴 것이 「추억 II」입니다. 제가 가장 좋아하는 작품입니다. 눈을 감으면 지금도 그때의 물푸레나무 향기와 떠들썩한 거리, 흘러나오던 멜로디가 떠오릅니다.

겐이치는 당시 남편이 평소 집에 없었던 탓인지 마마보이였습니다. 아들이 초등학생 때, 저는 1년 정도 매일 겐이치를 학교에 데려다 주고 급식까지 챙겨주고 돌아

 ••• 아침은 반드시 온다

오곤 했습니다.

 아들은 성격은 상냥하지만 성급한 면이 있어, 어른이 되자 종종 남편과 싸움이 나곤 했습니다. 둘 다 술은 마시지 않지만 도박을 좋아했습니다. 또 둘 다 닭띠여서 서로 부딪쳤던 것일까요. 종종 입씨름을 했습니다. 가운데서 저는 항상 조마조마했지만 재밌기도 했습니다. 역시 부자는 부자. 두 사람은 닮았습니다.

 중화요리 전문 요리사였던 남편은 겐이치를 주방장으로 만들고 싶었던 것 같지만, 겐이치는 영화나 독서를 좋아했던 제 영향이었을까요. 중학생이 됐을 무렵부터 문학에 흥미를 갖고, 문예잡지 등에 투고해서 입선했습니다. 며느리인 시즈코도 동인지 동료입니다.

 시즈코는 겐이치와의 신혼 시절, 2년 정도 여기서 함

약해지지 마 •••

께 살았는데 아들의 일 때문에 따로 지내게 되었습니다. 며느리는 부모님 두 분 모두 병석에 눕게 되어 남동생을 돌보고, 몸이 약한데도 일을 하면서 나를 보살펴 주었습니다. 야무진 며느리여서 안심하고 아들을 맡겼습니다.

제가 시를 쓰게 된 계기는 아들의 권유였습니다. 허리가 아파서 취미였던 일본무용을 할 수 없게 되어 낙담한 나를 위로하기 위해, 아들이 글쓰기를 권했던 것이었습니다. 아흔을 넘긴 나이였지만, 산케이 신문의 〈아침의 시〉에 입선했을 때의 감동을 잊지 못하여 지금에 이르게 되었습니다.

시는 주로 밤에 침대에 누워 있을 때나 TV를 보고 있을 때 태어납니다. 떠오른 주제를 연필로 메모해 두었다가 매주 토요일 잘 있나 보러 오는 아들에게 보여 주고,

 ···아침은 반드시 온다

낭독하면서 몇 번이고 다시 고쳐 완성시킵니다.

그래서 한 작품에 일주일 이상의 시간이 걸립니다.

저는 아가씨 시절부터 독서나 영화 감상, 그리고 동향 출신의 작곡가인 후나무라 도오루 씨의 가요를 좋아했습니다.

특히 후나무라 도오루 씨가 작곡한 「이별의 한 그루 삼나무」의 가사를 쓴, 스물여섯 살의 젊은 나이로 세상을 떠난 다카노 기미오 씨의 시에는 몹시 감동하여 '이런 시를 쓸 수 있다면 좋겠다'라고 생각했습니다.

시 쓰기를 통해 알게 된 것은 인생에 괴롭고 슬픈 일만 있는 건 아니라는 사실입니다.

이 나이에 매일 아침 일어나는 일은 정말 괴롭습니다.

그래도 저는 힘을 내서 침대에서 일어나, 버터나 잼을

약해지지 마 •••

바른 빵과 홍차로 아침식사를 합니다. 그리고 그날 도우미가 해 줄 청소나 빨래를 정리하거나 장 볼 목록을 만듭니다. 또 공공요금 수납 등을 포함한 가계부와 통원 스케줄 등을 생각합니다. 상당히 머리를 쓰는 셈으로, 바쁜 편입니다.

그래서 혼자서 외로워도 평소 이렇게 생각하려고 노력합니다. '인생이란 언제라도 지금부터야. 누구에게나 아침은 반드시 찾아온다'라고 말입니다.

혼자 산 지 20년. 저는 잘 살고 있습니다.

시바타 도요

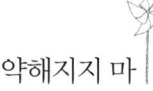

약해지지 마

초판 1쇄 발행 2010년 11월 10일
초판 48쇄 발행 2015년 10월 15일

지은이 | 시바타 도요
옮긴이 | 채숙향
펴낸이 | 윤희육

편집 | 정혜지
디자인 | 김윤남
본문사진 | 박도순

펴낸곳 | 도서출판 지식여행
출판등록 | 제2-3151호
주소 | 서울시 마포구 양화로 6길 9-24 동우빌딩 3층
전화 | 02-333-1122
팩스 | 02-333-6225
전자우편 | jkp225@korea.com
홈페이지 | www.jkp225.com

ISBN 978-89-6109-155-8 03800

*책값은 뒤표지에 적혀 있습니다.
*잘못된 책은 구입처에서 바꿔 드립니다.